1 반짝반짝 예쁜 손

화장대 앞에 서서 나도 엄마처럼 예쁘게 꾸며요. 손바닥에 물감을 묻혀서
화장대 위에 찍고, 스티커를 붙여 꾸며 보세요.

참 잘했어요

찍기

2 오순도순 우리 가족

가족과 함께 있으면 언제나 즐거워요. 손바닥을 여러 번 찍고,
얼굴 스티커를 붙여서 즐거운 손바닥 가족을 만들어 보세요.

찍기

3 아름다운 깃털

공작새의 꼬리 깃털은 매우 아름다워요. 여러 가지 색깔로 손바닥을
겹쳐 찍어서 공작새의 화려한 꼬리 깃털을 만들어 보세요.

참 잘했어요

4 울긋불긋 단풍나무

예쁜 단풍나무에 잎이 사라졌어요. 손바닥을 여러 번 겹쳐 찍어서
나뭇가지에 달린 울긋불긋 단풍잎을 만들어 보세요.

찍기

참 잘했어요

찍기

5 산골짜기 다람쥐

다람쥐는 도토리를 무척 좋아해요. 주먹을 쥐고 세워 찍어서 폴짝폴짝
귀여운 다람쥐의 꼬리를 만들어 보세요.

찍기

6 훨훨 나는 나비

예쁜 꽃을 찾아서 나비들이 날아왔어요. 주먹을 쥐고 세워 찍어서
날개를 만들고, 손가락을 찍어서 날개를 예쁘게 꾸며 보세요.

찍기

7 사뿐사뿐 발자국

모래 위를 걸으면 기분이 참 좋아요. 주먹을 쥐고 세워 찍은 뒤, 손가락을 다섯 번씩 찍어서 모래 위에 발자국을 만들어 보세요.

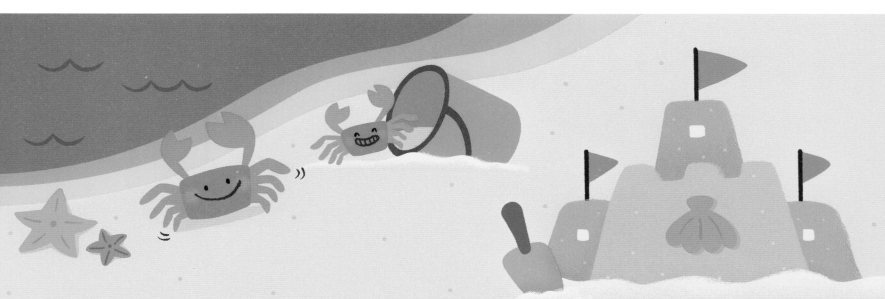

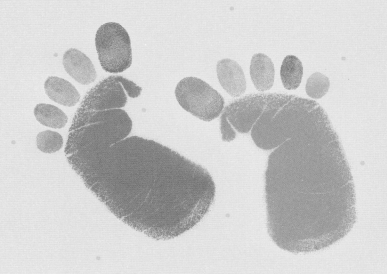

찍기

8 큰 똥, 작은 똥

동물들이 똥을 누고 있어요. 누구의 똥이 가장 클지 생각해 보고, 손가락을
다양하게 찍어서 동물들과 어울리는 똥을 만들어 보세요.

9 펑펑 새하얀 눈

고요한 밤하늘에 새하얀 눈이 펑펑 내리고 있어요. 손가락을 자유롭게
찍어서 온 세상에 아름답게 내리는 눈을 만들어 보세요.

찍기

10 꿀꿀 돼지 콧구멍

우리 안에 돼지들이 사이좋게 모여 있어요. 손가락을 두 번씩 찍어서
돼지들이 숨을 쉴 수 있도록 콧구멍을 만들어 보세요.

찍기

11 달콤한 사탕 가게

사탕 가게에 알록달록 맛있는 사탕이 가득해요. 손가락을 찍어서 병에
사탕을 가득 채워 보고, 막대 사탕과 알사탕도 만들어 보세요.

12 생일 축하 케이크

사랑하는 엄마의 생일이에요. 손가락을 찍어서 양초에 불을 붙이고,
모자와 케이크에도 손가락을 찍어 예쁘게 장식해 보세요.

13 동글동글 동그란 음식

동글동글 동그란 접시에 어떤 음식이 담겨 있을까요? 선을 따라 아래를
접어 올려서 어떤 동그란 음식이 들어 있는지 알아보세요.

14 후드득 빗방울

후드득, 갑자기 빗방울이 떨어져요. 선을 따라 아래를 접어 올려서
다람쥐들이 어떻게 비를 피할 수 있는지 알아보세요.

접기

15 알록달록 꽃다발

예쁜 꽃이 가득 피어 있는 꽃밭이에요. 선을 따라 양쪽을 접어 올려서
꽃밭이 어떻게 변하는지 알아보세요.

16 물웅덩이를 폴짝!

물웅덩이를 밟으면 신발이 축축하게 젖을 것 같아요. 선을 따라 양쪽을
접어 올려서 신발이 젖지 않는 방법을 알아보세요.

17 시원한 아이스크림

아기 돼지들은 아이스크림을 아주 좋아해요. 선을 따라 순서대로 두 번
접어서 아이스크림이 어떻게 되는지 알아보세요.

18 치카치카 깨끗한 이

더러워진 이를 깨끗이 닦지 않으면 이가 썩어요. 선을 따라 순서대로
두 번 접어서 이가 썩지 않는 방법을 알아보세요.

접기

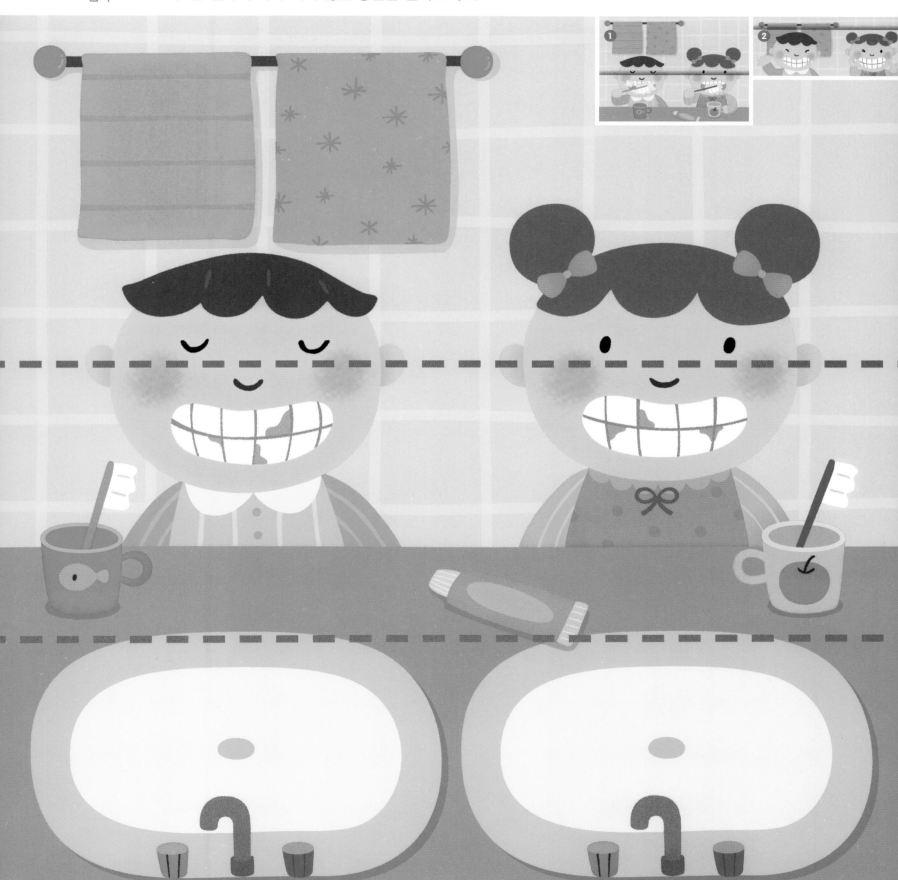

오리기

19 포근포근 이불

포근한 이불을 덮고 잠자리에 누우면 쿨쿨 기분 좋게 잘 수 있어요.
선을 따라 오리고 양쪽을 접어서 이불을 만들어 보세요.

20 뽀글뽀글 비누 거품

아빠와 함께 자동차를 깨끗이 닦아요. 선을 따라 거품이 있는 종이를
싹둑싹둑 오리고 마음대로 찢어 자동차에 붙여 보세요.

참 잘했어요

21 흔들흔들 문어 아저씨

스티커를 붙여서 멋쟁이 문어 아저씨를 꾸며 보세요. 그리고 선을 따라
문어의 다리를 오리고, 흔들흔들 움직여 보세요.

22 하늘하늘 문어 아가씨

스티커를 붙여서 예쁜 문어 아가씨를 꾸며 보세요. 그리고 선을 따라
문어의 다리를 오리고, 하늘하늘 춤을 춰 보세요.

참 잘했어요

23 사자의 머리빗

사자의 머리가 헝클어졌어요. 사자가 머리를 깨끗하게 빗을 수 있도록
선을 따라 오려서 빗을 만들어 보세요.

오리기

24 쓱쓱 싹싹 청소

버려진 쓰레기를 깨끗이 치워요. 쓰레기 스티커를 바닥에 붙이고, 사자가
청소할 수 있도록 선을 따라 오려서 빗자루를 만들어 보세요.

만들기

25 토실토실 아기 돼지

꿀꿀, 귀여운 아기 돼지예요. 선을 따라 오리고 고무줄을 끼워서
토실토실 아기 돼지 가면을 만들어 보세요.

만들기

26 으악! 무서운 늑대

평화로운 마을에 늑대가 나타났어요. 선을 따라 오리고 고무줄을
끼워서 무시무시한 늑대 가면을 만들어 보세요.

27 길쭉길쭉 토끼 귀

커다란 귀를 가진 토끼는 작은 소리도 잘 들어요. 선을 따라 오리고
고무줄을 끼워서 토끼 가면을 만들어 보세요.

참 잘했어요

28 삐쭉삐쭉 사슴뿔

사슴뿔은 삐쭉삐쭉 나뭇가지를 닮았어요. 선을 따라 오리고 고무줄을
끼워서 루돌프 사슴 가면을 만들어 보세요.

만들기

29 재주넘는 원숭이

원숭이들이 리본과 바나나를 잡으려고 빙글빙글 돌아요. 선을 따라
오리고 둥글게 붙여서 재주넘는 원숭이를 만들어 보세요.

풀칠　　　　　　　　　　　풀칠

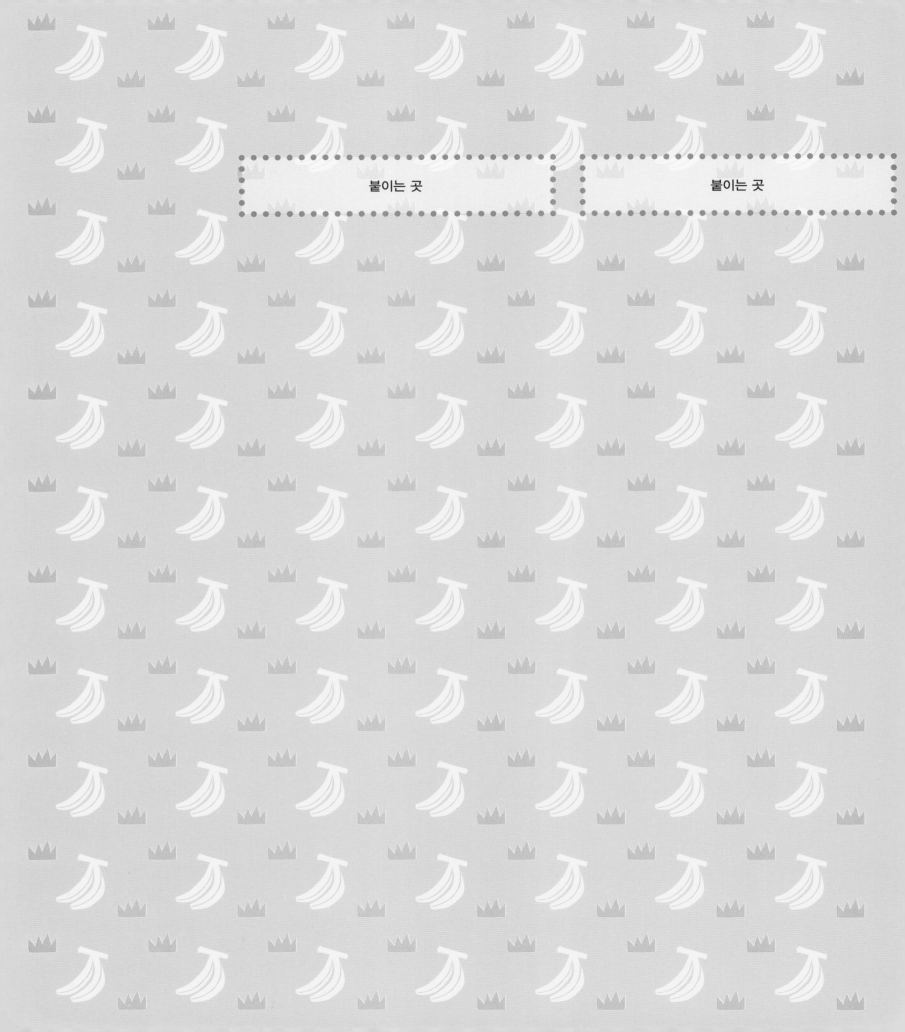

붙이는 곳

붙이는 곳

30 멋쟁이 넥타이

리본 장식과 넥타이를 하고 마음껏 뽐내요. 선을 따라 오리고 접어서
리본 장식과 넥타이를 만든 뒤, 옷깃에 걸어 보세요.

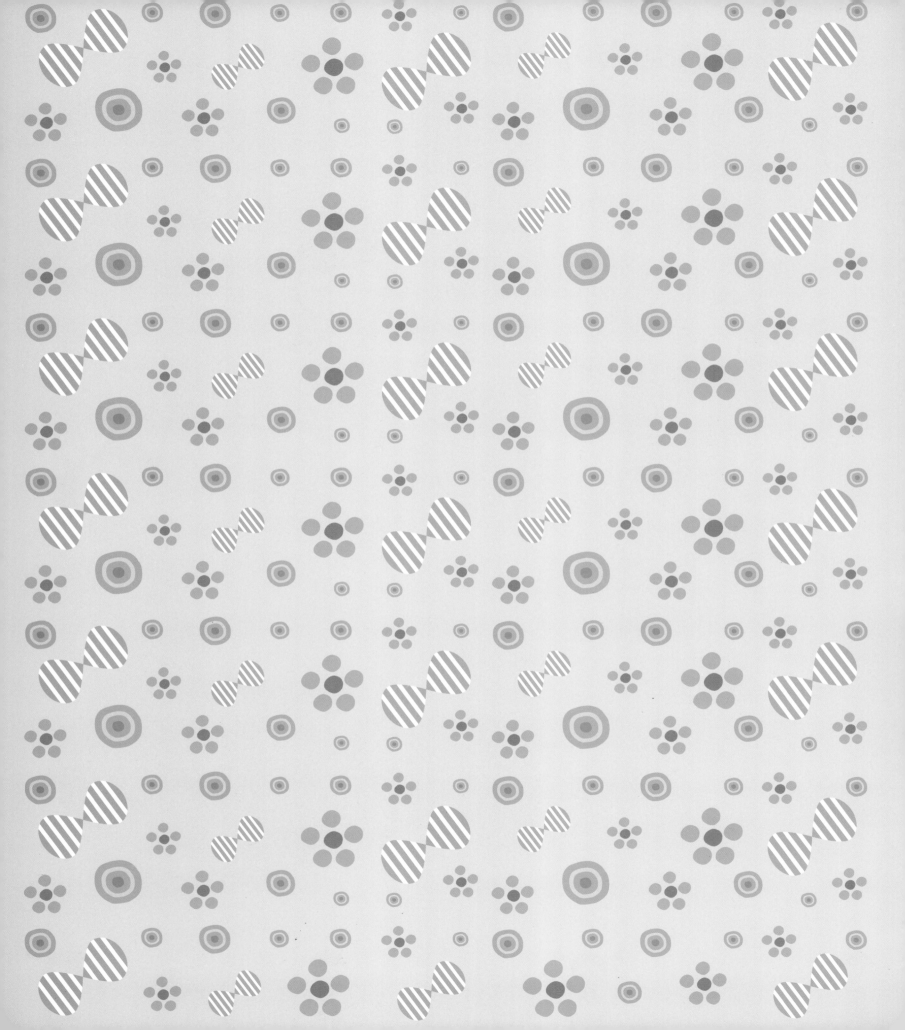

31 에헴, 멋있는 왕관

번쩍번쩍 황금 왕관을 만들어요. 선을 따라 오리고 양쪽에 끈을 이어서
왕관을 만들어 보세요. 또 스티커를 붙여서 장식해 보세요.

만들기

풀칠 2

풀칠 1

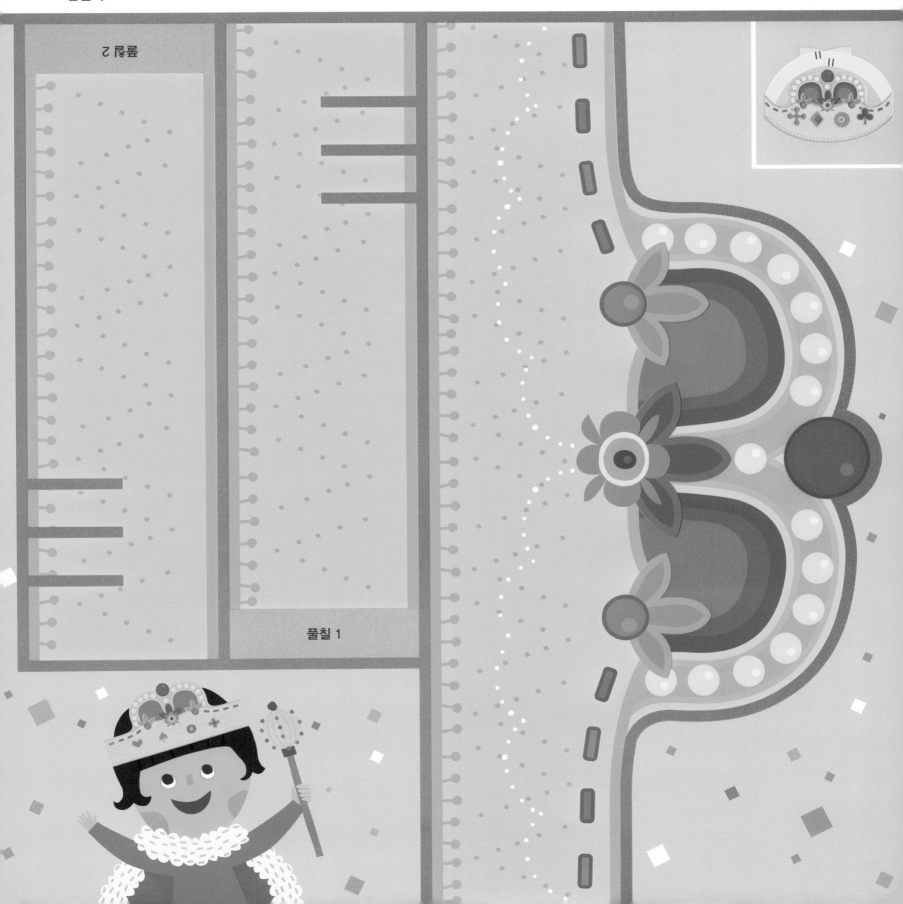

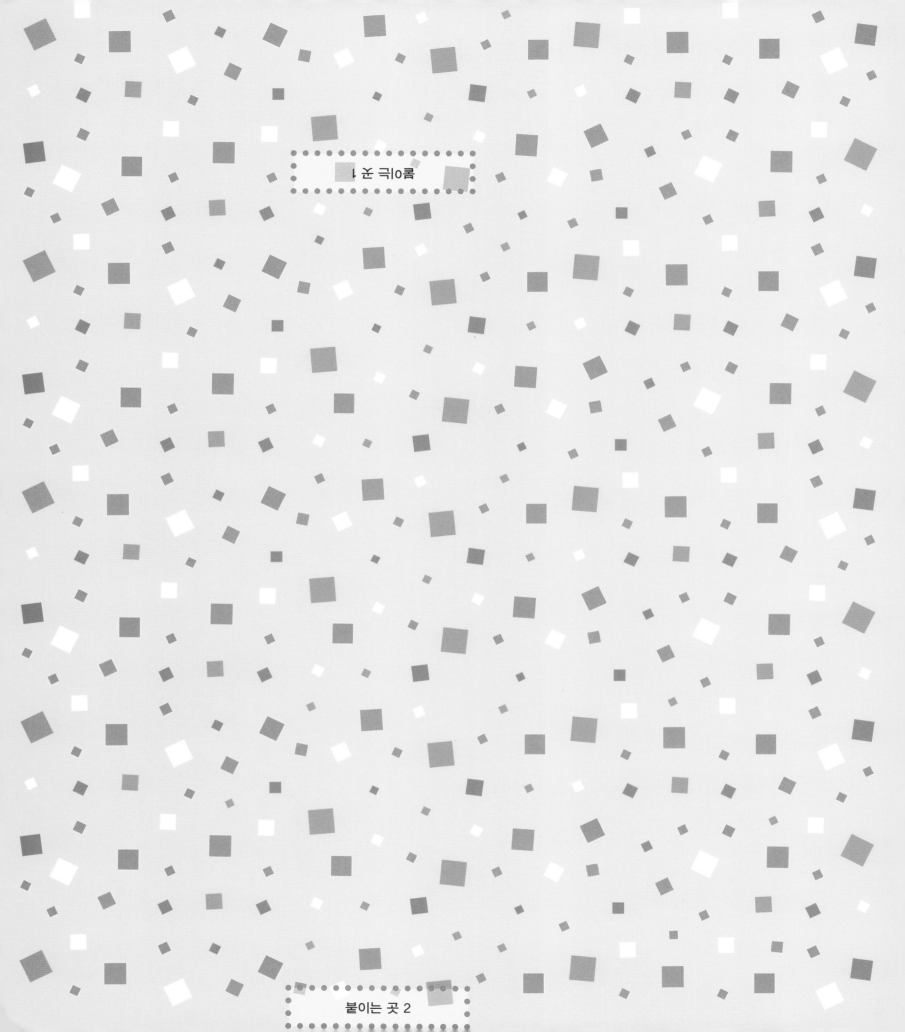

붙이는 곳 1

붙이는 곳 2

32 하나 둘 셋, 로켓 발사!

로켓을 타고 우주에 가요. 선을 따라 오리고 둥글게 붙여서 로켓을
만들어 보세요. 또 창문 스티커를 붙여 보세요.

참 잘했어요

붙이는 곳

붙이는 곳